| DATE DUE | | | |
|---|---|---|---|
| | | | |
| | | | |
| | | | |
| | | | |
| | | | |
| | | | |
| | | | |
| | | | |
| | | | |
| | | | |
| | | | |
| | | | |

I Like to Visit/Me gusta visitar

# The Playground/ El parque

## Jacqueline Laks Gorman

**Reading consultant/Consultora de lectura:
Susan Nations, M. Ed.,
author, literacy coach, consultant/
autora, tutora de alfabetización, consultora**

**Please visit our web site at: www.garethstevens.com**
**For a free color catalog describing Weekly Reader® Early Learning Library's list**
**of high-quality books, call 1-877-445-5824 (USA) or 1-800-387-3178 (Canada).**
**Weekly Reader® Early Learning Library's fax: (414) 336-0164.**

Library of Congress Cataloging-in-Publication Data available upon request from publisher.
Fax (414) 336-0157 for the attention of the Publishing Records Department.

ISBN 0-8368-4598-6 (lib. bdg.)
ISBN 0-8368-4605-2 (softcover)

This edition first published in 2005 by
**Weekly Reader® Early Learning Library**
A Member of the WRC Media Family of Companies
330 West Olive Street, Suite 100
Milwaukee, WI 53212 USA

Art direction: Tammy West
Editor: JoAnn Early Macken
Cover design and page layout: Kami Strunsee
Picture research: Diane Laska-Swanke
Translators: Tatiana Acosta and Guillermo Gutiérrez

Picture credits: Cover, pp. 5, 7, 9, 11, 13, 15, 17, 19, 21 Gregg Andersen

Printed in the United States of America

2 3 4 5 6 7 8 9 10 09 08 07 06

## Note to Educators and Parents

Reading is such an exciting adventure for young children! They are beginning to integrate their oral language skills with written language. To encourage children along the path to early literacy, books must be colorful, engaging, and interesting; they should invite the young reader to explore both the print and the pictures.

*I Like to Visit* is a new series designed to help children read about familiar and exciting places. Each book explores a different place that kids like to visit and describes what a visitor can see and do there.

Each book is specially designed to support the young reader in the reading process. The familiar topics are appealing to young children and invite them to read — and re-read — again and again. The full-color photographs and enhanced text further support the student during the reading process.

In addition to serving as wonderful picture books in schools, libraries, homes, and other places where children learn to love reading, these books are specifically intended to be read within an instructional guided reading group. This small group setting allows beginning readers to work with a fluent adult model as they make meaning from the text. After children develop fluency with the text and content, the book can be read independently. Children and adults alike will find these books supportive, engaging, and fun!

**— Susan Nations, M.Ed., author/literacy coach/reading consultant**

## Nota para los educadores y los padres

¡Leer es una aventura tan emocionante para los niños pequeños! A esta edad están comenzando a integrar su manejo del lenguaje oral con el lenguaje escrito. Para animar a los niños en el camino de la lectura incipiente, los libros deben ser coloridos, estimulantes e interesantes; deben invitar a los jóvenes lectores a explorar la letra impresa y las ilustraciones.

*Me gusta visitar* es una nueva colección diseñada para que los niños lean textos sobre lugares familiares y emocionantes. Cada libro explora un lugar diferente que a los niños les gustaría visitar, y describe lo que se puede ver y hacer en cada sitio.

Cada libro está especialmente diseñado para ayudar a los jóvenes lectores en el proceso de lectura. Los temas familiares llaman la atención de los niños y los invitan a leer —y releer— una y otra vez. Las fotografías a todo color y el tamaño de la letra ayudan aún más al estudiante en el proceso de lectura.

Además de servir como maravillosos libros ilustrados en escuelas, bibliotecas, hogares y otros lugares donde los niños aprenden a amar la lectura, estos libros han sido especialmente concebidos para ser leídos en un grupo de lectura guiada. Este contexto permite que los lectores incipientes trabajen con un adulto que domina la lectura mientras van determinando el significado del texto. Una vez que los niños dominan el texto y el contenido, el libro puede ser leído de manera independiente. ¡Estos libros les resultarán útiles, estimulantes y divertidos a niños y a adultos por igual!

**— Susan Nations, M.Ed., autora/tutora de alfabetización/consultora de desarrollo de la lectura**

I like to visit the playground. I like to swing on the swings. I feel like I am flying in the sky.

- - - - - - -

Me gusta visitar el parque. Me gusta mecerme en los columpios. Siento como si volara en el cielo.

I like to ride on the seesaw. I ride on the seesaw with my friend. We go up and down.

— — — — — — — —

Me gusta montarme al subibaja. Me monto al subibaja con mi amigo. Juntos subimos y bajamos.

I like to slide down the slide.
I like to go fast!  Wheee!

— — — — — — —

Me gusta tirarme por la
resbaladilla.  ¡Me gusta ir
rápido!  ¡Uupaaa!

I like to climb the ladder. Then
I can slide down again.

- - - - - - - -

Me gusta subir por la escalera.
Después me puedo volver a
deslizar.

I like to dig in the sandbox.
I use my pail and shovel.

— — — — — — — —

Me gusta cavar en la arena.
Uso mi pala y mi cubo.

My friend has a shovel, too.  We
will build a castle in the sand.

— — — — — — —

Mi amiga también tiene una pala.
Vamos a hacer un castillo en la
arena.

I like to climb on the jungle gym.

I like to hang from the bars.

I always hold on tight.

- - - - - - - -

Me gusta subirme a las barras.

Me gusta quedarme colgando.

Siempre me agarro fuerte.

I like to spin on the tire swing.

I spin around and around.

Sometimes I feel dizzy.

▬ ▬ ▬ ▬ ▬ ▬ ▬

Me gusta dar vueltas en la llanta.

Doy vueltas y vueltas. A veces
me mareo.

I need to rest!  I will have a drink, too.  Then I can play some more.

— — — — — — —

¡Necesito descansar! También voy a beber algo.  Luego podré jugar un poco más.

# Glossary

**dizzy** — having a feeling of spinning and being about to fall

**seesaw** — a long board balanced in the middle so that a person on each end goes up and down

**slide** — a smooth, slanted surface on which a person can glide down

**swings** — seats hung from chains or ropes on which people can sit and move back and forth

# Glosario

**columpios** — asientos que cuelgan sujetados por cadenas o cuerdas sobre los que las personas se pueden subir y moverse hacia adelante y hacia atrás

**marearse** — tener la sensación de que todo da vueltas y de que nos vamos a caer

**resbaladilla** — superficie lisa e inclinada sobre la que una persona se puede deslizar

**subibaja** — tabla larga con un punto de equilibrio en el centro que permite que las personas sentadas a cada extremo puedan subir y bajar

# For More Information/Más información

## Books

*Down the Dragon's Tongue.* Margaret Mahy (Orchard Books)

*Safety on the Playground.* Safety First (series). Lucia Raatma (Bridgestone)

## Libros

*Le toca a Guillermo.* Anna Grossnickle Hines (Scholastic)

*Margaret and Margarita/Margarita y Margaret.* Lynn Reiser (Mulberry Books)

## Web Sites

Playground Games
*schoolsite.edex.net.uk/926/playgroundgames.htm*
Games children play in England and around the world

## Páginas Web

Chiqui Park Internet
*www.chiqui.com/version10/index.asp*
Portal infantil con contenidos multimedia para jugar y aprender música, cuentos y juegos

# Index

# índice

## About the Author

**Jacqueline Laks Gorman** is a writer and editor.  She grew up in New York City and began her career working on encyclopedias and other reference books.  Since then, she has worked on many different kinds of books and written several children's books.  She lives with her husband, David, and children, Colin and Caitlin, in DeKalb, Illinois.  They all like to visit many kinds of places.

## Información sobre la autora

**Jacqueline Laks Gorman** trabaja como escritora y editora. Jacqueline creció en la ciudad de Nueva York y comenzó su carrera trabajando en enciclopedias y otros libros de referencia. Desde entonces, ha trabajado en distintos tipos de libros y ha escrito varios libros para niños. Jacqueline vive con su esposo, David, y sus hijos, Colin y Caitlin, en DeKalb, Illinois. A toda la familia le gusta visitar distintos lugares.